LE GUIDE POLITIQUE

Examen critique et raisonné

DU

GOUVERNEMENT RÉPUBLICAIN.

Sèvres.—Imprimerie de M. CERF, rue Nationale, 144.

LE GUIDE POLITIQUE

EXAMEN CRITIQUE ET RAISONNÉ

DU

GOUVERNEMENT RÉPUBLICAIN

INDISPENSABLE A TOUT CITOYEN.

CONTENANT

1re Partie : Instruction aux électeurs, — leurs droits, — leurs devoirs, — les qualités que doit avoir un candidat pour mériter leurs voix, etc. — Texte de la loi électorale.

2e Partie : Des divers gouvernements, — Définition, — leurs qualités, — leurs défauts ; — avantages du gouvernement républicain, — sa moralité, — sa *stabilité*, — sa *durée*, — ses inconvénients, — il est essentiellement industriel, producteur, commerçant, etc., etc. — Définition philosophique des mots : **Peuple, Nation,** etc.

PAR J.-L. PICHERY.

—

Prix : 50 centimes.

—

PARIS,

CHEZ BRETEAU, LIBRAIRE-ÉDITEUR,

Passage de l'Opéra, Galerie de l'Horloge.

PRÉFACE.

Voici bientôt soixante ans que les Français travaillent à la réforme et à la reconstitution du Gouvernement de leur pays. Après avoir renversé l'ancienne Monarchie, ils adoptèrent le Gouvernement républicain pur. Mais les résistances que rencontra l'établissement de ce système donnèrent lieu à des réactions violentes ; des désordres, des crimes horribles s'en suivirent, et la République, devenue justement odieuse à la majorité de la nation, fit place à un autre système, le despotisme impérial, plus régulier, mais non moins violent à d'autres égards... Ce Gouvernement périt à son tour par ses excès.

Vint après, la restauration, à la suite d'une invasion étrangère ; avec elle, les idées d'un Gouvernement populaire que la tyrannie impériale avait en quelque sorte refoulées dans le néant depuis quatorze ans, se réveillèrent et se firent jour dans le Gouvernement représentatif de Louis XVIII. Seize ans plus tard, la révolution de Juillet vint apprendre à l'univers étonné combien grands étaient les progrès que la nation française avait faits dans son éducation politique, combien elle avait gagné en sagesse, prudence, équité, humanité.

La Révolution de 1848, qui s'est faite comme par enchantement, est venue démontrer encore que les dix-sept années de règne de Louis-Philippe ont fait faire un grand pas de plus aux idées de liberté et d'égalité : puisque le Gouvernement républicain a pu s'établir, au grand contentement de tout le monde, sans opposition dangereuse, presque sans troubles, sans violence... à tel point que si les pavés de Paris n'avaient point été derangés, deux jours après, on ne se serait nullement douté que cette grande capitale venait de faire et de subir une révolution qui aura du retentissement dans toutes les parties du monde.

Ce qui nous prouve suffisamment que le peuple français est enfin mûr pour ce système de Gouvernement, qu'il travaille à se donner depuis plus d'un demi-siècle.

Maintenant que tout le monde parle politique, plus que jamais nous avons pensé qu'il serait à propos de donner au public un petit ouvrage dans lequel il trouverait sous forme de catéchisme ou d'instruction dialoguée, l'explication de ce qu'il doit entendre par les mots *Gouvernement, Monarchie, Aristocratie, Démocratie, République, Oligarchie, Ochlocratie...*

Après avoir donné une idée de ces divers Gouvernements et en avoir exposé succinctement les avantages et les défauts, nous traitons plus spécialement du Gouvernement républicain, nous démontrons qu'il est susceptible d'un très-grand nombre de modifications, qu'il est sujet à des inconvénients graves, et nous donnons les raisons pour lesquelles il n'a pas été jusqu'ici aussi généralement adopté que celui dit *Monarchique.*

Puis, reprenant la discussion d'un point plus élevé, nous définissons les mots *Peuple, Nation...* et nous faisons voir que ces agglomérations d'hommes sont comme les individus ou plutôt comme les races, susceptibles de perfectionnements indéfinis, et de plus, que le genre humain tout entier obéit à cette loi ; de là, nous tirons la conséquence que les temps sont venus pour notre patrie de pouvoir se donner le Gouvernement républicain pur, avec confiance et sans danger.

Suit une dissertation raisonnée sur l'organisation qu'il conviendra de donner au nouveau Gouvernement.

Terminons cette courte préface, en priant nos lecteurs de vouloir bien suspendre leur jugement jusqu'à ce qu'ils aient lu tout l'ouvrage ; alors seulement ils seront en état d'en apprécier le mérite, les défauts, le but et les intentions.

LE GUIDE POLITIQUE

Examen critique et raisonné

DU

GOUVERNEMENT RÉPUBLICAIN.

———••◦◦❃◦◦••———

PREMIÈRE PARTIE.

D. Qui signifie le mot *électeur?*

R. Il vient du mot latin *eli gere* (choisir). Électeur est donc l'équivalent de cette expression : *celui qui choisit.*

D. Quelles sont les qualités qu'on aimerait à trouver dans un électeur ?

R. Elles sont nombreuses et il est rare, très rare, qu'un même individu les réunisse toutes. Quoi qu'il en soit, voici les principales :

1° Un électeur doit être doué d'une grande force de caractère, sans quoi, influencé par des gens qui lui sont supérieurs à un titre quelconque, ou cédant aux circonstances, à l'opinion dominante, aux intimidations d'un magistrat, d'un démagogue, de la foule en effervescence, il sera conduit à faire un choix contraire à ses intérêts et à la prospérité de la nation.

2° L'électeur doit être probe, impartial, exempt de tout esprit de parti, ce qui est bien difficile ; et lors même qu'il aurait des motifs pour haïr le candidat qu'on lui présente, il ne devrait pas hésiter à lui donner sa voix, si cet individu possédait toutes les qualités, offrait toutes les garanties désirables.

3° Il est surtout indispensable que l'électeur connaisse parfaitement les mœurs, les capacités, la conduite... les opinions du candidat qui sollicite son suffrage.

L'électeur doit posséder en outre l'horreur de la publicité et du mensonge, des opinions bien arrêtées, et qu'on avoue franchement avec la ferme résolution d'y persister, tant que des motifs graves et basés sur une haute raison ne l'oblige pas à en changer ; un désintéressement à toute épreuve corroboré par un amour sincère de la patrie.

D. Tout citoyen est-il apte à exercer les droits d'électeur ?

R. Oui, en admettant que tous les hommes ont assez

dé force de caractère pour résister au pouvoir de l'argent ou à l'attrait des profits que rapportent les places et les emplois, et qui joignent à cette honorable qualité un certain degré d'intelligence et d'instruction.

Non : Car il faut bien le reconnaître, les neuf dixièmes des Français sont encore si ignorants en politique, comme en bien d'autres choses, que tout système de gouvernement leur est indifférent, pourvu qu'ils puissent *faire leurs affaires* ; de là cette facilité avec laquelle ils sont prêts à donner leur vote à quiconque peut et promet de leur en tenir compte dans l'occasion et en temps opportun.

D. Il suit de ce que vous venez de dire, que le suffrage universel pourrait avoir de très graves inconvénients?

R. Il pourrait nous mener tout droit au despotisme des riches : qui ne comprend qu'avec un sac d'écus, on aurait la certitude de pouvoir acheter les votes de plusieurs centaines d'électeurs ?

D. Il est peu de maux politiques auxquels il soit impossible de porter remède ; pourquoi n'en serait-il pas ainsi des abus qui découlent de la corruption ?

R. Il est très vrai que si le corrupteur et le corrompu étaient menacés de peines sévères, appliquées sans ménagement toutes les fois qu'il serait bien prouvé qu'ils se seraient livrés à de honteuses et coupables transactions; comme seraient, par exemple: de fortes amendes payables au besoin par corps, ou par des travaux exécutés en personne au profit de l'Etat; la perte des droits civiques pour un temps et même pour la vie, suivant la gravité du délit... il est certain qu'on verrait rarement des candidats solliciter la bourse à la main les suffrages des électeurs.

D. Un électeur doit-il donner sa voix à celui qu'il ne connait que d'après les rapports vagues qui lui ont été faits sur son mérite, sa conduite privée et publique.

R. Non: c'est un devoir pour lui de prendre sur cet homme des renseignements positifs et sérieux.

D. Quelle doit être la conduite de l'électeur à l'égard du candidat qui l'obsède de supplications et de caresses afin de le déterminer à lui donner sa voix ?

R. Lui défendre sa porte de crainte de céder par complaisance ou par lassitude à ses importunités.

D. Un électeur peut-il sans inconvénient demander des avis avant de voter à un personnage qu'il considère comme lui étant supérieur en lumières et pour la solidité de son jugement?

R. Non : car ne se déterminer à donner sa voix que d'après les conseils d'autrui, c'est abjurer le caractère d'électeur ; c'est mettre un étranger à sa place si l'homme qu'on a consulté ne fait point partie de votre arrondissement ou collége; ou bien lui donner la facilité de voter en quelque sorte deux fois s'il est lui-même électeur.

D. Que signifie le mot candidat?

R. Ce mot est latin (*candidatus*), et il signifie *blanchi*, parce qu'à Rome, lors des élections, ceux des citoyens qui aspiraient à obtenir les suffrages du peuple, traçaient pour s'en faire remarquer certaines figures sur leurs habits avec de la craie blanche, voilà pourquoi on les appelait *candidati* ou les blanchis.

D. Quelles sont les qualités que doit offrir un candidat pour mériter le choix des électeurs ?

R. Elles sont nombreuses, variables, et elles peuvent dépendre d'une foule de circonstances telles que le temps, les lieux, le système de gouvernement, l'état des esprits...
Mais dans tous les cas le candidat doit être avant tout un parfait honnête homme.

D. Suffit-il, pour qu'un candidat soit admissible, qu'il ne soit pas sous le poids des diverses incapacités signalées dans le paragraphe 4 de l'instruction du Gouvernement provisoire, que l'on trouve ci-après.

R. Non ; car il peut se faire qu'un candidat réunisse toutes les conditions voulues par la loi, tout étant cependant indigne de l'estime de ses concitoyens et de leurs suffrages.

De ce nombre sont : le fils ingrat qui laisse ses parents dans le besoin, ses moyens lui permettant de leur donner des secours.

Le libertin égoïste qui, après avoir rendu une femme mère, l'abandonne et laisse porter son enfant à l'hôpital ;

Le riche qui corrompt à prix d'argent la fille du pauvre ;

Le prêteur sur gages à gros intérêts ;

L'usurier ;

Le calomniateur ;

L'impie ;

Celui qui vend à faux poids et à fausse mesure ;

Le fabricant qui spécule sur la position difficile des ouvriers qu'il emploie...

Il peut se faire que ces individus réunissent les conditions voulues par la loi, ce qui n'empêche pas qu'ils doivent être repoussés des électeurs s'ils s'y présentent comme candidats.

D. Est-il indispensable que le candidat jouisse d'une certaine aisance, ou, en d'autres termes, doit-on donner la préférence à un candidat qui a pour concurrent un citoyen moins riche que lui ?

R. Oui, si.les deux individus ont d'ailleurs des qua
lités personnelles équivalentes : attendu que l'homme
riche est toujours présumé plus indépendant, moins
susceptible d'être influencé, corrompu, que celui qui
est dans la gêne...

Mais il va sans dire que l'on doit toujours donner la
préférence à celui des candidats qui, sous le rapport
des qualités morales, l'emporte sur ses concurrents.

D. Le savoir doit-il être un motif de prédilection en
faveur du candidat qui se distingue de ses concurrents
par cette qualité ?

R. Il est incontestable que l'homme qui joint aux
qualités morales l'immense bienfait de l'instruction et
des lumières, doit obtenir de préférence les suffrages
des électeurs : car le savoir rectifie, affermit le jugement, supplée à l'expérience personnelle, et fait voir et
découvrir des vices et des rapports là où l'ignorance
n'aperçoit rien qui puisse l'intéresser ou éclairer sa
raison.

D. Parmi les hommes instruits, n'en est-il pas qu'il
serait dangereux d'envoyer en trop grand nombre à
l'Assemblée Nationale ?

R. Oui, les gens de loi et les avocats, par exemple :
en effet, il est évident pour tout le monde que les hommes de cette profession, habitués, par état et par inté-

rêt, à plaider le faux pour le vrai, à faire violence à la raison et au bon sens, ne manqueraient pas, s'ils étaient en trop grand nombre dans l'Assemblée, d'y causer des perturbations dangereuses : car, ayant journellement l'occasion de parler en public, ils ont nécessairement acquis une facilité de s'exprimer plus ou moins brillante, plus ou moins séduisante qu'on ne trouve pas à un degré égal dans les autres classes de la société, pas même chez les écrivains de profession les plus distingués.

Mais il ne suit pas de là que la qualité d'avocat doit être considérée comme un motif absolu d'exclusion de l'Assemblée Nationale : on trouve dans cette catégorie de citoyens des hommes qui joignent au talent de la parole, des connaissances profondes en histoire, politique, jurisprudence, et qui, en outre, se rendent recommandables par leur probité et leur désintéressement. C'est aux électeurs à les honorer de leur choix.

D. Quel serait le danger qu'il y aurait d'envoyer à l'Assemblée un trop grand nombre de députés sans instruction ou ne possédant que des connaissances très superficielles ?

R. Ce serait livrer les décisions au libre arbitre, aux caprices, aux passions d'un petit nombre de parleurs, peut-être d'un démagogue audacieux, bavard et emporté : en effet, l'homme sans instruction est comme un soldat sans armes, et naturellement se méfiant de lui-même, il cherche un appui dans ceux qu'il sait ou qu'il croit être plus éclairés que lui ; qui plus est, il prêtera de préférence l'oreille aux paroles furibondes d'un orateur de carrefour, plutôt que de se rendre aux sages avertissements, aux conseils désintéressés de l'homme expérimenté et vertueux qui s'efforce de le maintenir ou de le ramener dans le droit chemin.

Un autre défaut inhérent au manque d'instruction, c'est l'obstination et l'entêtement, les meilleures raisons du monde ne peuvent rien contre les ignorants de cette espèce, ce sont des aveugles qui seraient désolés de voir clair, et malheureusement le nombre en est bien plus grand qu'on ne pense, c'est le vice qui sert de fondement à l'odieux esprit de parti, de cet esprit s'entend qui hait ou affectionne de propos délibéré par caprice sans trop savoir pourquoi.

D. Quels seraient encore les candidats qu'il ne serait pas bon d'envoyer à l'Assemblée?

R. Les radicaux outrés et ceux qui s'avouent franchement communistes, attendu que si les doctrines que professent les individus de ces deux partis vaincus venaient à prévaloir dans l'Assemblée, il en résulterait une perturbation qui pourrait compromettre l'organisation de la société et même son existence.

TEXTE

DE LA LOI SUR LES ÉLECTIONS.

———

*Élections des Représentants du Peuple à l'*ASSEMBLÉE
NATIONALE.

Le Gouvernement provisoire de la République,
Voulant remettre le plus tôt possible aux mains d'un
Gouvernement définitif les pouvoirs qu'il exerce dans l'in-
térêt et par le commandement du Peuple,

Décrète :

Art. 1. Les assemblées électorales de canton sont con-
voquées au 23 avril prochain, pour élire les représentants
du peuple à l'Assemblée Nationale qui doit décréter la
constitution.

Art. 2. L'élection aura pour base la population.

Art. 3. Le nombre total des Représentants du Peuple

sera de neuf cents, y compris l'Algérie et les colonies françaises.

Art. 4. Ils seront répartis entre les départements dans la proportion indiquée au tableau ci-joint.

Art. 5. Le suffrage sera direct et universel.

Art. 6. Sont électeurs tous les Français âgés de vingt et un ans, résidant dans la commune depuis six mois, et non judiciairement privés ou suspendus de l'exercice des droits civiques.

Art. 7. Sont éligibles tous les Français âgés de vingt-cinq ans, et non privés ou suspendus de l'exercice des droits civiques.

Art. 8. Le scrutin sera secret.

Art. 9. Tous les électeurs voteront au chef-lieu de leur canton, par scrutin de liste.
Chaque bulletin contiendra autant de noms qu'il y aura de représentants à élire dans le département.
Nul ne pourra être nommé Représentant du Peuple, s'il ne réunit pas deux mille suffrages.

Art. 10. Chaque Représentant du Peuple recevra une indemnité de 25 fr. par jour, pendant la durée de la session.

Art. 11. Une instruction du Gouvernement provisoire

réglera les détails d'exécution du présent décret.

Art. 13. Le présent décret sera immédiatement envoyé dans les départements, et publié et affiché dans toutes les communes de la République.

Fait à Paris, en conseil de Gouvernement, le 5 mars 1848.

Les membres du Gouvernement provisoire,

—

Répartition du nombre des Représentants à raison de la population.

1 Ain.	8	21 Côtes-du-Nord.	16
2 Aisne.	14	22 Creuse.	7
3 Allier.	8	23 Dordogne.	13
4 Alpes (Basses).	4	24 Doubs.	7
5 Alpes (Hautes-)	3	25 Drôme.	8
6 Ardèche.	9	26 Eure.	11
7 Ardennes.	8	27 Eure-et-Loire.	7
8 Ariège	7	28 Finistère.	15
9 Aube.	7	29 Gard.	10
10 Aude.	7	30 Garonne (Haute).	12
11 Aveyron.	10	31 Gers.	8
12 Bouches-du-Rhône.	10	32 Gironde.	15
13 Calvados.	12	33 Hérault.	10
14 Cantal.	7	34 Ille-et-Vilaine.	14
15 Charente.	9	35 Indre.	7
16 Charente-Inférieure.	12	36 Indre-et-Loire.	8
17 Cher.	7	37 Isère.	15
18 Corrèze.	8	38 Jura.	8
19 Corse.	6	39 Landes.	7
20 Côte-d'Or.	10	40 Loir-et-Cher.	6

41 Loire.	11	66 Pyrénées-Orientales.	6
42 Loire (Haute-).	8	66 Rhin (Bas-).	15
43 Loire-Inférieure.	13	67 Rhin (Haut-).	12
44 Loiret.	8	68 Rhône.	14
45 Lot.	7	69 Saône (Haute-).	9
46 Lot-et-Garonne.	9	70 Saône-et-Loire.	14
47 Lozère.	4	71 Sarthe.	12
48 Maine-et-Loire.	13	72 Seine.	34
49 Manche.	15	73 Seine-Inférieure.	19
50 Marne.	9	74 Seine-et-Marne.	9
51 Marne (Haute-).	7	75 Seine-et-Oise.	12
52 Mayenne.	9	76 Sèvres (Deux-).	8
53 Meurthe.	11	77 Somme.	14
54 Meuse.	8	78 Tarn.	9
55 Morbihan.	12	79 Tarn-et-Garonne.	6
56 Moselle.	14	80 Var.	9
57 Nièvre.	8	81 Vaucluse.	6
58 Nord.	28	82 Vendée.	9
59 Oise.	10	83 Vienne.	8
60 Orne.	11	84 Vienne (Haute-).	8
61 Pas-de-Calais.	17	85 Vosges.	11
62 Puy-de-Dôme.	15	86 Yonne.	9
63 Pyrénées (Basses-).	14	Total.	885
64 Pyrénées (Hautes-).	6	Algérie et colonies.	15

Instruction du Gouvernement provisoire pour l'exécution du décret du 5 mars 1848, relatif aux élections générales.

I. CONFECTION DES LISTES ÉLECTORALES.

1. Les maires réuniront immédiatement les conseillers municipaux pour s'occuper sans aucun retard de la con-

fection de la liste des électeurs appartenant à leurs communes respectives.

Ils consulteront, pour la dresser, les précédentes listes électorales ayant servi aux élections de tous les degrés ; les tableaux du dénombrement de la population, ceux du recrutement et les contrôles de la garde nationale, ainsi que les registres de l'état civil.

Conditions d'inscription des électeurs.

Age.

2. Il ne sera besoin de faire des vérifications, quant à l'âge de vingt et un ans, que lorsqu'il pourra s'élever quelque doute à cet égard. Les jeunes citoyens qui ne seraient pas nés dans la commune, produiront les papiers indiquant l'époque de leur naissance.

Nationalité.

3. La condition d'être *né* ou *naturalisé français* peut se justifier, soit par la possession résultant de votes antérieurs, soit par la représentation des actes de naturalisation délivrés par les gouvernements précédents, lettres d'avis ou autres actes officiels.

Incapacités.

4. Le droit d'élire les représentants du Peuple est le premier des *droits civiques*. Ces droits n'appartiennent plus à celui qui a perdu la qualité de Français par la naturalisation en pays étranger.

Les droits du citoyen peuvent se perdre ou être suspendus par des décisions judiciaires, savoir :

Les condamnations à des peines afflictives ou infamantes. Cet état d'incapacité cesse quand il y a eu réhabilitation.

Les arrêts portant renvoi devant les Cours d'assises.

Les condamnations devant les Cours d'assises.

Les condamnations à des peines correctionnelles, lorsque le tribunal a ajouté à ces peines l'interdiction des droits de vote, et d'être juré, témoin, etc.

Les jugements qui ont prononcé, à titre de peine, la surveillance de la haute police.

Les jugements portant déclaration de faillite, non suivis de concordat.

Ne pourront non plus exercer le droit de vote, les interdits ni ceux qui sont retenus pour cause de démence dans une maison d'aliénés.

Les autres incapacités qui existaient d'après les lois antérieures, ne forment point d'obstacle à l'inscription sur les listes d'électeurs.

Résidence.

5. Pour être inscrit comme électeur dans une commune, il faut y avoir une résidence de six mois.

Toutes dispositions antérieures, relatives au domicile politique séparé du domicile réel, sont abrogées.

Les citoyens qui, depuis moins de six mois, ont changé de résidence, seront admis à se faire inscrire dans la commune où ils résidaient précédemment.

Néanmoins, si, à raison de l'éloignement, un citoyen ne pouvait, sans dommage et sans inconvénient pour sa santé, ses affaires, ses moyens d'existence, se rendre dans un autre département qu'il a quitté depuis peu de temps, il pourra, d'après sa demande, être inscrit sur la liste des électeurs de la commune où il vient de s'établir.

A l'égard des citoyens qui, à raison de leurs affaires, commerce, industrie ou travail, habiteraient, pendant le cours de l'année, dans plusieurs communes, ils pourront être admis sur leur demande, à se faire inscrire comme électeurs dans la commune qu'ils auront choisie, pourvu qu'ils en aient fait la déclaration, tant à la mairie de la commune où ils habitent actuellement que dans celle où ils demandent à voter.

6. Nul ne pourra voter en deux assemblées électorales différentes.

7. Tout citoyen appartenant aux armées de terre ou de mer, qui sera en congé, devra être inscrit au lieu de son domicile.

Les citoyens en activité de service sont admis, dans leurs garnisons respectives ou dans les ports et arsenaux, à participer à l'élection, selon les dispositions de l'art. 37 ci-après.

Forme des listes.

8. La liste des électeurs sera dressée par ordre alphabétique.

Dans les villes qui comprennent plusieurs cantons, il sera dressé autant de listes qu'il y a de cantons.

Dans les communes urbaines, la liste indiquera les noms, âge, profession et demeure des électeurs.

Dans les communes rurales, cette forme et ces détails pourront être simplifiés, de manière, toutefois, à éviter la confusion à l'égard des citoyens qui porteraient les mêmes noms et prénoms.

Publications et réclamations.

9. La liste sera close au plus tard le 15 Avril prochain, et déposée pendant cinq jours à la mairie. Le maire fera connaître, par voie d'affiche, que, pendant cet espace de temps, chaque citoyen pourra en prendre communication, sans déplacement.

Les réclamations qui seraient formées par des citoyens contre l'omission de leur nom, seront jugées sommairement, en conseil municipal, par le maire, qui fera, s'il y a lieu, les rectifications nécessaires.

Les réclamations ultérieures seront adressées au conseil municipal du chef-lieu du canton.

Envoi des listes au maire du chef-lieu de canton.

10. Le sixième jour, la liste, définitivement close, sera envoyée au maire du chef-lieu du canton pour servir à l'appel des électeurs.

Le conseil municipal du chef-lieu de canton, statuera jusques et y compris le 8 avril, sur les réclamations qui lui seraient adressées sur la teneur des listes.

II. OPÉRATIONS DES ASSEMBLÉES ÉLECTORALES.

11. Le maire du chef-lieu de canton, à mesure qu'il recevra les listes des communes, les fera transcrire dans la forme des listes d'inscription de votants, qui étaient dressées précédemment pour les élections au conseil général.

Ces listes, en nombre égal à celui des communes du canton, serviront à l'appel et à l'inscription des votants.

12. Le maire fera disposer la salle d'élection suivant qu'il sera expliqué ci-dessous.

13. Lors de la clôture des listes et trois jours avant la réunion, les électeurs de chaque commune seront avertis, par tous les moyens de publicité qui sont au pouvoir des maires, de se rendre, ainsi que c'est leur droit et leur devoir, à l'assemblée électorale du canton, pour prendre part à l'élection des représentants du peuple.

14. Il sera délivré à chaque électeur une carte ou un billet portant :

N.... *électeur*

à N.... *(nom de la commune)*

avec la signature du maire.

Avis à donner aux électeurs, et disposition des locaux.

15. Un arrêté du commissaire du département, affiché dans toutes les communes, fera connaître que les électeurs sont convoqués pour le **23** avril dans les chefs-lieux de canton, à l'effet d'élire le nombre de représentants indiqué par le décret du 5 mars, et que ces représentants pourront être choisis, sans aucune condition de cens ni de domicile, parmi tous les électeurs âgés de vingt-cinq ans et non judiciairement interdits ou suspendus des droits civiques.

16. Un avis publié par le maire du chef-lieu du canton informera les électeurs que le scrutin s'ouvrira le **23** avril, à sept heures du matin ; qu'on appellera d'abord les électeurs de la commune au chef-lieu, et successivement ceux des autres communes, selon tel ordre déterminé, en commençant par les communes les plus éloignées.

17. Des dispositions seront prises pour que les électeurs des diverses communes puissent entrer et sortir avec ordre, et pour qu'ils puissent émettre leur vote avec la plus entière liberté.

Composition du bureau.

18. Le bureau sera présidé par le juge de paix du canton ; à son défaut, par ses suppléants. Les scrutateurs au nombre de six, seront pris parmi les premiers conseillers municipaux, selon l'ordre du tableau. Les président et scrutateurs choisiront le secrétaire.

Dans les villes qui renferment cinq ou six cantons, le nombre des scrutateurs sera complété, s'il y a lieu, par des citoyens que le conseil municipal désignera.

19. La police de chaque assemblée électorale appartient au président. Nulle force armée ne peut, sans sa demande, être placée dans le lieu ou aux abords de la salle.

Inscription et dépôts des bulletins.

29. Le vote sera secret ; mais, à raison du nombre considérable d'électeurs, les bulletins pourront n'être pas écrits dans la salle et en présence du bureau.

Chaque électeur pourra apporter le sien, après l'avoir écrit ou fait écrire en dehors de l'assemblée, et après avoir soin de le fermer.

21 Le président, en le recevant et avant de le déposer dans la boîte du scrutin, s'assurera que ce bulletin n'en renferme pas d'autre.

22. Chaque bulletin doit contenir autant de noms qu'il

y a de représentants à élire dans le département.

Des affiches placées dans la salle et au dehors rappelleront ce devoir aux électeurs, ainsi que les conditions d'éligibilité.

23. Les électeurs, accompagnés du maire, entreront successivement dans la salle par ordre des communes.

Ils déposeront leurs bulletins dès que leurs noms seront appelés.

24. A mesure que chaque électeur déposera son vote, un des scrutateurs le constatera en écrivant son propre nom ou son paraphe en regard du nom du votant.

25. Les maires des différentes communes prendront tour à tour place au bureau; ils auront voix consultative, en cas de réclamation.

Durée et clôture du scrutin.

26. Le scrutin ne pourra être prolongé au-delà de six heures du soir. .

Si l'appel et le réappel ne sont pas terminés le 23 avril à ladite heure, la boîte du scrutin sera fermée et scellée, puis déposée sous clef à la mairie. Le scrutin sera continué le lendemain.

27. Quand l'appel de tous les électeurs par commune sera terminé, il sera procédé à un réappel de tous les électeurs qui n'auront pas voté.

Dépouillement des bulletins.

28. Une heure après le réappel, le scrutin sera clos et le bureau procédera au dépouillement de la manière suivante :

29. Il comptera les bulletins trouvés dans la boîte et en comparera le nombre avec celui des votants, constaté par les feuilles d'inscription ; sans qu'il soit besoin de recommencer l'opération pour quelques légères différences qui proviennent le plus souvent d'omissions faites par les s crutateurs sur la feuille d'inscription des votants.

30. Après la constatation du nombre des bulletins déposés, le président fera procéder au dépouillement.

A cet effet et pour accélérer l'opération, la masse des bulletins sera distribuée en groupes qui seront dépouillés sur des tables séparées. Il sera bon d'en préparer un grand nombre. Le bureau désignera parmi les électeurs présents et qui accepteront cette mission, des scrutateurs supplémentaires en nombre suffisant pour qu'il y en ait quatre à chaque table de dépouillement.

31. Si un bulletin contenait plus de noms qu'il y a de représentants à élire, les scrutateurs ne tiendraient pas compte des derniers noms inscrits qui excéderaient ce nombre.

32. Le bureau décidera provisoirement toutes les difficultés qui s'élèveraient concernant les opérations de l'Assemblée électorale.

33. Après la proclamation du résultat du scrutin, les bulletins non contestés seront brûlés.

Recensement général des votes.

34. Le procès-verbal de chaque assemblée de canton sera porté au chef-lieu du département par le président et le secrétaire, ou par deux membres choisis par le bureau.

35. Le recensement général des votes de tous les cantons se fera à l'Hôtel-de-Ville du chef-lieu du département, en séance publique, et en présence des délégués du bureau de chaque assemblée électorale.

36. Le bureau central chargé du recensement général des votes sera présidé par le président de l'assemblée électorale du chef-lieu, ou par le doyen d'âge des présidents, s'il y a eu plusieurs assemblées cantonales dans cette ville. Il sera assisté par les délégués des assemblées cantonales du département.

Vote des militaires en activité de service.

37. Les électeurs militaires en activité de service seront avertis par leur chef immédiat, aussitôt après la publication du décret du 5 mars et de la présente instruction, du droit qu'ils ont de participer à l'élection générale

comme les autres citoyens, et du nombre de représentants attribué à leurs départements respectifs.

Ces militaires se réuniront en autant de sections qu'il y aura parmi eux de citoyens appartenant au même département; sous la présidence du chef le plus élevé en grade, qui sera assisté de quatre scrutateurs dont deux parmi les plus âgés et deux parmi les plus jeunes sous-officiers et soldats.

38. Le président avertira les électeurs militaires de réfléchir sérieusement à l'acte de citoyen qu'ils vont accomplir; il les engagera à émettre leur vote secrètement, en toute conscience et en toute liberté. Chacun d'eux écrira ou fera écrire son bulletin, et le remettra au président. Les bulletins seront dépouillés, séance tenante, en leur présence, et le résultat des votes sera consigné dans un procès-verbal, qui sera adressé par le président du bureau, le 30 mars au plus tard, au commissaire du département auquel appartiendront les votants.

Ce résultat sera compris dans le recensement général des votes du département.

Proclamation du résultat définitif du scrutin.

39. Après le recensement des votes, le président du bureau central et départemental proclamera Représentants du peuple, pour le nombre fixé par le décret du 5 mars, les candidats qui auront le plus de voix selon l'or-

dre de la majorité relative, pourvu toutefois qu'ils aient réuni chacun 2,000 voix au moins.

40. Si le nombre des représentants attribué à chaque département n'est pas atteint, il sera procédé à des élections supplémentaires huit jours après, et dans les formes indiquées ci-dessus.

Elections à Paris.

41. A Paris, les arrondissements représentant les cantons seront divisés, pour la commodité et la promptitude de l'opération, en sections proportionnelles au nombre des électeurs.

Ces sections seront présidées par les maires, adjoints ou délégués de la mairie. Les six scrutateurs seront pris, dans chaque section parmi les plus âgés et les plus jeunes des électeurs présents.

Les réclamations prévues aux art. 9 et 10, concernant les listes d'électeurs seront décidées sommairement par le maire de chaque arrondissement, assisté de ses adjoints.

Les électeurs de Paris seront spécialement avertis par affiches, qu'ils ont à porter sur leur bulletin trente-quatre noms, nombre égal à celui qui est attribué par le décret du 5 mars dernier au département de la Seine.

Le dépouillement des votes se fera dans chaque section, et le recensement général au bureau central de l'Hôtel-de-Ville.

Élections dans l'Algérie et dans les colonies.

42. Les quatre représentants attribués à l'Algérie seront élus selon la forme qui sera établie par une instruction ultérieure.

43. L'Assemblée nationale déterminera le mode d'après lequel l'élection des représentants aura lieu dans les colonies.

Vérification des pouvoirs des Représentants par l'Assemblée nationale.

44. L'Assemblée nationale statuera sur la vérification des pouvoirs de ses membres, ainsi que sur les options, les démissions et autres points qui toucheraient à sa constitution complémentaire et définitive.

45. La présente instruction aura la même force que le décret du 5 mars dernier.

Fait à Paris, en conseil du Gouvernement, le 8 mars 1848.

Les membres du Gouvernement provisoire,

DUPONT (de l'Eure), LAMARTINE, MARRAST,

GARNIER-PAGÈS, ALBERT, MARIE, LEDRU-ROLLIN, FLOCON, CRÉMIEUX, Louis BLANC, ARAGO.

Le secrétaire-général du Gouvernement provisoire,

PAGNERRE.

SECONDE PARTIE.

DES GOUVERNEMENTS.

D. Qu'est-ce qu'un Gouvernement ?

R. C'est un système de lois, de réglements , de conventions , que des hommes vivant en société, se sont imposé, ont adopté ou subi comme règle de leur conduite publique...

D. Combien comptez-vous d'espèces de Gouvernements ?

R. Il serait bien difficile , pour ne pas dire impossible, d'en déterminer le nombre , et surtout de bien caractériser le mode d'action de chacun d'eux.

Quoi qu'il en soit, voici les dénominations par lesquelles on distingue ceux qui ont été adoptés par les peuples qui se sont succédé sur la terre depuis les temps les plus anciens jusqu'à nos jours.

La Monarchie, ou le Gouvernement d'un seul.

Parmi les Monarchies on distingue celles dont le Gouvernement est *absolu* ou *despotique, tempéré, représentatif.*

L'aristocratie, ou le Gouvernement des nobles ou littéralement des *vertueux par excellence ;*

La démocratie, Gouvernement du peuple par lui-même ;

La République, ce système est le même que celui de la Démocratie ;

L'oligarchie, ou le Gouvernement du petit nombre;

L'ochlocratie, Gouvernement du bas peuple ou de la populace ;

Le mot anarchie signifie absence de tout Gouvernement.

D. Quel serait celui de tous ces Gouvernements auquel vous donneriez la préférence ?

R. Au Gouvernement monarchique, s'il était possible qu'il se rencontrât une suite de princes, tous hommes éclairés, d'un caractère ferme, humain, aimant passionnément la justice, la rendant et la faisant rendre scrupuleusement à qui de droit.

D. Le Gouvernement Monarchique dans le sens absolu du mot, n'étant pas possible, suivant vous, n'a-t-on pas cherché à le rendre praticable au moyen de certaines modifications?

R. Oui : tantôt en faisant participer à l'autorité du monarque une classe privilégiée de citoyens (les nobles), tantôt en lui adjoignant un corps d'hommes expérimentés que dans les temps modernes on appelle *Conseil d'Etat*... En donnant plus d'extension à ce dernier système on est arrivé à ce qu'on appelle le *Gouvernement Représentatif* ou celui dans lequel l'action gouvernementale du prince ou de ses ministres est modérée, soutenue, approuvée ou désapprouvée par une assemblée de délégués du peuple, élus librement par lui à des époques déterminées.

D. Citez-nous en peu de mots des exemples d'applications qui ont été faites des divers Gouvernements que vous avez énumérés plus haut ?

R. Le Gouvernement d'un seul plus ou moins absolu a obtenu généralement la préférence à toutes les époques de l'histoire. Nestor, dans l'*Iliade*, dit aux Grecs:

Il n'est pas bon qu'il y ait plusieurs gouvernants, il n'en faut qu'un, un roi (1).

L'*Aristocratie* domina autrefois chez les Spartiates, les Romains, et dans les temps modernes chez les Polonais, les Vénitiens, les Autrichiens... L'*Oligarchie* était le Gouvernement de l'ancienne République de

---

(1) Ouk agathon polukoiranie eis koiranos esto,

Eis basileus

Venise ; l'*Ochlocratie* exerce son empire aux Etats-Unis de l'Amérique du Nord.

Le Gouvernement Républicain ou Démocratique n'a jamais existé nulle part dans toute sa pureté ; il est toujours mêlé d'aristocratie comme dans Rome ancienne, ou d'anarchie, d'ochlocratie, comme en France, de 1792 à 1800.

D. En somme quel a été jusqu'à présent le meilleur ou le moins mauvais de ces divers systèmes de Gouvernement ?

R. Celui qui a participé plus ou moins de chacun des autres.

D. En a-t-on vu des applications ?

R. Oui, en Angleterre, par exemple, où l'aristocratie est représentée par la Chambre des Pairs, la Démocratie dans celle des communes, la Monarchie par le roi, l'Oligarchie par ses conseillers, ses ministres, les grands-officiers de la couronne, l'Ochlocratie par ses nombreuses assemblées du peuple, qui de temps à autre se forment pour signer des pétitions, procéder à des élections... et surtout par la liberté de la presse.

Et pour tout dire en un mot, c'est le Gouvernement *Représentatif*.

D. En quoi les partisans de ce système de Gouvernement font-ils consister ses avantages ?

R. 1° Dans l'hérédité de la couronne, dans une même famille : d'où vient que la mort même du roi n'occasionne aucune perturbation dangereuse dans l'exercice de l'autorité souveraine de son successeur.

2° Dans la Chambre des Pairs, composée d'hommes de savoir et d'expérience, on doit du moins, toujours le présumer, qui, par leur fortune, leur position élevée, impriment à la nation des sentiments de grandeur, de dignité, de politesse exquise qu'on ne rencontre pas ordinairement dans les classes inférieures de la Société.

Dans l'assemblée des mandataires du peuple qui, voyant et pouvant apprécier par eux-mêmes quels sont ses besoins, en quoi consistent ses ressources... apportent sans cesse des lumières nouvelles et au besoin prêtent leur appui aux ministres du souverain.

4° Dans la liberté de la presse qui facilite au plus humble des citoyens le moyen d'apprendre à l'Univers entier les injustices dont il peut avoir à se plaindre...

GOUVERNEMENT RÉPUBLICAIN.

D. Que signifie le mot *République ?*

R. Cette expression est composée deux mots latins :

res chose, et *publica* publique. Le gouvernement Républicain est donc celui qui a spécialement pour objet les intérêts de tous les citoyens ou la *chose publique*.

Cette définition pourrait s'appliquer, rigoureusement parlant, à toutes les autres espèces de Gouvernement, car tous, quelle que soit leur forme, ont ou doivent avoir pour objet l'administration et la prospérité de la *chose publique*.

D. Quels sont les marques caractéristiques du Gouvernement républicain proprement dit?

R. Il serait bien difficile de les énumérer toutes et de les définir assez nettement pour qu'il fût aisé de les apprécier sans confusion : car de tous les Gouvernements dits *Républicains* il ne s'en est pas encore présenté deux qui n'offrissent des différences extraordinaires, sous le rapport de leurs principes, de leur organisation, de leurs effets...

A Rome ancienne, l'autorité était partagée entre le Sénat, les consuls, les tribuns du peuple, le peuple lui-même... quelquefois le pouvoir exécutif était confié à des *tribuns militaires*, à un *dictateur*...

A Sparte, la République était administrée par un Sénat, deux rois qui commandaient alternativement l'armée, et des magistrats appelés *éphores*...

La plus célèbre République moderne, celle des Vénitiens, était gouvernée par un *Doge*, sorte de président à vie, un conseil *des Dix*, un Sénat... Le peuple n'avait aucune part au gouvernement de cet Etat.

Les Polonais, avant le partage de leur monarchie, donnaient au gouvernement de leur pays le nom de République, quoique le chef de l'Etat, prit le titre de *roi*; il est vrai que la couronne était élective: le peuple était serf... la noblesse était tout...

D'où il suit que dans un Gouvernement Républicain on peut rencontrer du Monarchique, de l'Aristocratique, du Démocratique, de l'Oligarchique...

D. Quelle serait toutefois la définition qui caractériserait le mieux cette espèce de Gouvernement?

R. Ce serait approchant celle-ci:
Le Gouvernement est dit Républicain, toutes les fois que le pouvoir exécutif est conféré à vie ou pour un temps limité à un ou plusieurs individus, soit par une assemblée qui tient ses pouvoirs directement du peuple, ou bien par un corps héréditaire de noblesse... Ains le gouvernement pontifical de Rome moderne est uni véritable République, puisque le pouvoir exécutif est conféré à vie au pape par le *Collége* des cardinaux.

Aux Etats-Unis d'Amérique, le président n'exerce le pouvoir suprême que pendant quatre ans. Les députés à l'assemblée des représentants y sont renouvelés tous les deux ans et les membres du sénat tous les six ans.

D. Quel serait, selon vous, celui des Gouvernements

Républicains qu'on pourrait considérer comme le plus sagement organisé?

R. Celui qui se rapprocherait le plus de celui dit *Représentatif* et qui n'en différerait .

1º Qu'en ce que l'élément aristocratique y serait remplacé par une assemblée dont tous les membres seraient élus par le peuple ou par ses mandataires ;

2º Dans lequel le pouvoir exécutif ne serait confié que pour un temps limité à un même citoyen.

D. Quels sont les avantages spéciaux que vous reconnaissez à un tel Gouvernement ?

R. 1º Celui de rendre le pouvoir exécutif accessible à tous les citoyens sans exception ; de là résulte que chacun se croit en droit de s'arroger un certain degré de fierté et de dignité qu'on ne rencontre pas chez les peuples qui obéissent à un pouvoir exécutif héréditaire;

De là vient aussi que les nations qui ont adopté le Gouvernement Républicain se donnent les titres de *peuple souverain,* de *peuple roi.*

2º La facilité qu'il a de se réformer, de se corriger toutes les fois qu'il le juge convenable ou nécessaire. Dans cette espèce de Gouvernement il ne se commet pas de fautes qui ne soient tout de suite réparables sans entraîner de graves inconvénients.

D. Dites en peu de mots en quoi consiste ses défauts.

R. Ils sont nombreux, et comme il est de la nature de ce gouvernement de se prêter à une infinité de combinaisons et de variations, sans cesser de mériter son titre, il en est semblablement des inconvénients qui en découlent ; ils sont comme sa constitution susceptibles de varier à l'infini.

D. Pourriez-vous signaler les principaux de ces défauts ?

R. Oui, il en est deux surtout qui sont comme les limites, les points extrêmes entre lesquels, s'il est permis de parler ainsi, se classent tous les autres.

D. Veuillez les nommer.

R. Le despotisme et l'anarchie.

D. A quoi reconnaissez-vous qu'un Gouvernement républicain est despotique ?

R. 1° Quand l'élément aristocratique est héréditaire et qu'à lui seul appartient la nomination du pouvoir exécutif, et lorsqu'enfin le peuple proprement dit ne prend part à aucune élection, et n'a droit qu'à l'exercice de fonctions et d'emplois subalternes :
Tels étaient les Gouvernements de Pologne, de Venise, et d'autres Républiques Italiennes, et même de

quelques parties de la Suisse avant la grande Révolution Française.

2° Le Gouvernement Républicain est encore despotique toutes les fois que l'élément populaire ou l'*Ochlocratie* domine tous les autres. On en vit des exemples chez les peuples de l'ancienne Grèce ; celui des Etats-Unis d'Amérique est passablement entaché de ce vice. Le vote universel y donne le pouvoir aux pauvres.

Pour finir en deux mots, il y a Despotisme Républicain, chaque fois qu'un des éléments qui le composent, quel qu'il soit, domine tous les autres.

D. Peut-il se faire que cet élément dominateur se rencontre dans le pouvoir exécutif?

R. Non : car si cela arrivait le Gouvernement cesserait d'être Républicain et deviendrait Despotique, ou Monarchique absolu pur, et alors le pouvoir exécutif serait déclaré usurpateur ; tel évènement se passa à Athènes, quand Pisistrate s'arrogea, par la ruse et par la force, le droit de gouverner l'Etat suivant sa volonté et comme il l'entendrait.

Pareille chose se vit en France lorsque le général Bonaparte prit les rênes de l'Etat, sous le nom de *Premier Consul*; dès ce moment le mot de *République Française* ne fut plus qu'une dénomination dérisoire, ridicule...

D. A quoi reconnaissez-vous que ce Gouvernement peut être sujet à l'anarchie?

R. Toutes les fois que les deux pouvoirs Aristocratique et Démocratique ou Populaire, se balancent avec des forces à peu près égales ; c'est ce qui arrivait souvent dans l'ancienne Rome où le Sénat avait grand peine à retenir l'autorité que les tribuns du peuple lui disputaient sans cesse avec acharnement: Ces luttes amenèrent les guerres civiles et les affreuses proscriptions de Marius et Sylla, Pompée et César, Octave et Antoine.

Sous Auguste le gouvernement devint Monarchique et Despotique absolu.

L'anarchie causa la ruine des Républiques de l'ancienne Grèce et de la plupart de celles de l'Italie, au moyen-âge.

De nos jours les Etats de la Suisse et les Gouvernements Populaires de la partie sud du continent Américain, ont tout à redouter de l'anarchie, c'est pour eux une maladie endémique, incurable, qui les menace sans cesse d'une dissolution prochaine.

D. Le Gouvernement Républicain est-il favorable aux sciences et aux arts ?

R. Oui et non. — Ce Gouvernement n'est point favorable aux lettres et aux arts d'agrément, tant que l'élément aristocratique lutte, avec peine, contre les empiétements de la démocratie. Car alors le repos public, pouvant être gravement compromis d'un moment à l'autre, les citoyens y sont dans une perpétuelle effervescence, qui les empêche de se livrer à des jouissances qui demandent de la sécurité et un certain degré d'aisance ; or, les Gouvernements tumultueux permettent rarement à ceux qui les subissent d'amasser de grandes richesses, et encore moins d'en goûter les agréments et les commodités qu'elles procurent, sans craindre de les perdre ou d'exciter des inimitiés jalouses parmi leurs voisins.

Oui : le Gouvernement Républicain s'est signalé quelquefois comme protecteur éclairé des sciences et des arts; mais cela s'est vu quand l'ordre de l'aristocratie a dominé les autres classes, ou que par la guerre, le commerce, des usurpations sur les droits de leurs concitoyens... certains individus ont acquis de grandes richesses ; on en vit des exemples à Rome, après la conquête de l'Afrique, de la Grèce et de l'Asie, et plus tard à Venise, à Gênes et autres Républiques du moyen-âge.

D. Pourquoi ce Gouvernement est-il moins du goût des nations que celui de la Monarchie absolue ou tempérée?

R. Par la raison qu'il a besoin, pour se soutenir, que les citoyens qui s'y soumettent soient en lutte perpétuelle les uns contre les autres, ou bien qu'on les occupe à la guerre soit pour défendre le territoire, soit pour attaquer les peuples voisins comme agresseurs ; tel fut l'Etat de Rome jusqu'à la bataille d'Actium... Sitôt que les dissensions intestines cessent, il n'y a plus de République proprement dite.

C'est-à-dire que les vrais Républicains sont des hommes d'action par excellence ; or, nous sommes naturellement portés à faire, sans regret, le sacrifice d'une certaine portion de liberté en échange de la sécurité et du repos que nous pouvons attendre d'un Gouvernement Monarchique ou Despotique quelconque, qui veut bien se charger de la gestion de nos affaires ; de là vient donc que les Monarchies ont en tout temps compté plus de sujets que les Républiques de citoyens. Mais tout nous porte à croire que le peuple français plus éclairé, sera assez sage pour conserver le Gouvernement républicain.

D. La durée des Gouvernements Républicains est-elle plus longue ou plus courte que celle des Monarchies?

R. Elle est généralement plus courte, l'histoire n'offre pas d'exemple de Gouvernement Républicain qui ait prospéré au-delà de cinq ou six cents ans, sans offrir des signes, évidents de décadenc e, tandis qu'on a vu et qu'il existe encore des Monarchies, dont les annales comptent quinze siècles et plus d'antiquité, sans avoir rien perdu de leur puissance et de leur grandeur bien au contraire, les Monarchies qui, de nos jours, se partagent l'E rope, dont quelques-unes, comme celle de France, datent des premiers siècles de l'ère vulgaire, vont toujours croissant en richesse et en force.

Toutes les Républiques de l'Europe moderne, à l'exception des cantons Suisses, se sont transformées en Etats Monarchiques, ou bien elles sont devenues, comme celles de Venise, de Gênes, provinces d'un empire voisin.

D. De ce qui précède suit la conséquence, que les Républiques sont inférieures aux Monarchies pour la durée, l'ordre qui règne dans leur intérieur… mais n'ont-elles pas des avantages, des qualités, des vertus, qui leur sont propres et qui compensent ces divers inconvénients?

R. Oui, sans doute : l'histoire nous apprend que les citoyens des Républiques bien organisées de l'antiquité, comme étaient celles de Rome, de Sparte et d'Athènes, étaient sobres, désintéressés, fiers, courageux, toujours prêts à sacrifier leurs biens et leur vie au bien et au salut de la patrie.

D. Le Gouvernement Républicain est-il favorable aux arts utiles, à l'industrie, au commerce ?

R. Autant et même plus que les Monarchies les mieux administrées : au moyen-âge tout le commerce

des Indes-Orientales avec l'Europe, se faisait par l'en-
tremise des sujets des Républiques Italiennes, telles
que Venise, Gênes... Dans le dix-huitième siècle, la
petite République Hollandaise était le coin le plus riche de l'univers ; et de nos jours, les Américains du
Nord, dont le Gouvernement Républicain n'a pas encore un siècle de durée, se placent comme industriels,
comme négociants, comme navigateurs, à côté des peuples les plus florissants de l'Europe.

D. Quelle est votre opinion sur les destinées de
cette jeune République du nord de l'Amérique?

R. Si je ne me trompe, cet Etat sera un jour le premier de son espèce qui n'aura rien à envier aux Gouvernements Représentatifs les plus heureusement con-
stitués.

D. Que lui manque-t-il pour atteindre à ce haut degré de perfection ?

R. De proscrire l'esclavage dans les Etats du Sud ;
de donner plus de force à l'action de la police; d'aug-
menter l'influence du Sénat et de la Chambre des Représentants; et surtout d'armer les magistrats de bonnes
lois contre l'insubordination et les désordres de l'O-
chlocratie ; afin que des violences, des injustices et
jusqu'à des assassinats, ne restent pas impunis, à la

honte de la nation et de son Gouvernement. L'indifférence pour les maux de ceux qui souffrent, un amour insatiable du gain, le peu de cas qn'ils font des hommes qui se distinguent dans les sciences supérieures, leur dédain pour les beaux-arts, tels que la poésie, la peinture, la sculpture, et le peu d'estime qu'ils professent à l'égard de ceux qui en font leur principale occupation... sont des vices et des défauts qui nuisent à la réputation des Républicains des *Etats-Unis d'Amérique.* La liberté de la presse est inscrite dans la loi et il n'y a point de pays au monde où il se publie plus de journaux : toutefois il y aurait du danger pour un écrivain qui se permettrait de critiquer franchement les actes du peuple, qui voterait ses erreurs, blamerait ses injustices... La vérité dans ce pays ne peut se faire jour sans danger qu'au moyen de lénitifs, de circonlocutions dont on pourrait se dispenser sous le gouvernement absolu d'un monarque d'Europe, tant l'ochlocratie est chatouilleuse et irritable.

Ajoutons que les Colons des États du Sud traitent leurs esclaves avec un raffinement de barbarie à peine croyable. Des règlements sévères défendent à qui que ce soit de leur enseigner la lecture et l'écriture, dans le but odieux et criminel de les tenir dans un état perpétuel d'infériorité et d'abrutissement ; qui plus est, on trouve dans ces mêmes Etats du Sud, des spéculateurs qui élèvent, vendent et achètent des nègres, en trafiquent, comme on fait ailleurs le commerce de

bestiaux; mais il faut dire aussi que cette conduite, indigne d'hommes civilisés et de chrétiens, ne saurait
durer longtemps encore ; les Républicains des Etats du
Nord travaillent avec zèle et persévérance pour amener leurs compatriotes à la faire cesser.

D. Sur quoi vous fondez-vous lorsque vous donnez
à entendre que les Etats-Unis de l'Amérique du Nord
offriront un jour le spectacle d'un Gouvernement Républicain aussi parfait qu'il soit possible de le souhaiter, et de beaucoup supérieur à tous ceux de cette
espèce qui ont figuré plus ou moins heureusement sur
la scène du monde?

R. Je suis autorisé à croire qu'il en sera ainsi de cette
confédération, par certaines vertus que je remarque
dans ses habitants.

D'abord les Américains se distinguent par la très
grande vénération qu'ils portent aux croyances religieuses, et tout en tolérant les divers cultes qui sont
professés par les peuples civilisés dès temps modernes, ils ne souffrent point qu'un citoyen soit assez osé
pour affecter de vivre ostensiblement sans religion.
Or, tous les peuples vraiment Républicains se sont
montrés scrupuleux observateurs des pratiques de
leur culte, et il est digne de remarque qu'ils se sont
relâchés de leurs vertus civiques sitôt que l'impiété a
fait irruption dans leur cité.

Les Américains, en outre, aiment le travail ; ils font la guerre à outrance aux mauvaises mœurs, au libertinage, et tout individu valide et bien portant, qui vit parmi eux dans l'oisiveté, même du fruit de ses revenus, y est vu avec défaveur et de mauvais œil.

Le respect pour la chasteté et l'honneur des personnes du Sexe est si grand, dans ce pays, qu'une jeune fille peut y faire des voyages de plusieurs centaines de lieues sans crainte d'être insultée par qui que ce soit.

Si l'américain, comme il est dit ci-dessus ! ne fait rien qu'en vue d'un lucre quelconque, il faut lui rendre cette justice que dans la femme qu'il recherche en mariage, il fait bien plus de cas des qualités et des vertus qui lui sont personnelles que de la dot qu'elle peut lui apporter.

PEUPLE, NATION, FÉDÉRATION.

D. Qu'entendez-vous par le mot *peuple* ?

R. C'est une réunion d'hommes p us ou moins nombreuse vivant sur un même territoire, ayant les mêmes lois, les mêmes coutumes, les mêmes usages. Ce mot est souvent synonyme de celui de *nation*.

D. Quelle différence faites-vous entre ces deux mots *peuple* et *nation*?

R. Absolument parlant, un peuple est un et comme on dit compacte, sans divisions, tel est le peuple français depuis la révolution de 89. La nation au contraire peut se composer de peuples divers, de ce nombre est la nation Italienne qui comprend des Napolitains, des Romains, des Toscans, des Génois, des Vénitiens, des Piémontais...

D. Qu'entendez-vous par *fédération?*

R. C'est pour le plus souvent une réunion de peuples qui tout en se gouvernant chacun suivant des lois particulières reconnaissent une autorité suprême qui agit sur tous, concentre leurs moyens, leurs forces, dans le but de résister aux agressions des ennemis extérieurs et de faire respecter l'indépendance et la liberté de tous : La Suisse et la république du nord de l'Amérique sont des *fédérations* ou des *confédérations.*

D. Quelle est celle de ces trois réunions d'hommes comme *peuple, nation, confédération,* qui vous paraît plus propre à recevoir et à conserver le gouvernement républicain ?

R. Jusqu'à présent l'expérience a démontré que c'est le système fédéral, On en vit des exemples dans l'ancienne Grèce, (la ligue achéenne par exemple) et de toutes les républiques modernes, celle de la confédération Suisse est la seule qui se soit maintenue jusqu'à nos jours malgré les nombreuses vicissitudes qui l'agitent depuis plusieurs siècles : on dirait volontiers que les qualités et les défauts des petits états qui font partie d'une Confédération se neutralisent, se compensent mutuellement d'où résulte un tout inébranlable dans lequel des factions peuvent bien causer des troubles passagers, mais très rarement une dissolution complète.

Toute les Républiques au contraire qui ne comprennent qu'un seul peuple ou une seule nation doivent, suivant Montesquieu , finir tôt ou tard : car dit-il, si elles sont faibles elles sont conquises et absorbées par des voisins plus puissants; que si la nation est nombreuse et forte, il arrive qu'elle se divise en deux factions, celle du peuple et celle des aristocrates ou des nobles, des riches, il arrive tôt ou tard que l'une des factions triomphe de sa rivale, et c'est presque toujours celle des aristocrates, dès-lors la république proprement dite n'existe plus.

D. Suit-il de ce que vous venez de dire que toute république qui ne comprend qu'un seul peuple sous sa domination est nécessairement de peu de durée quoiqu'il n'existe chez lui aucune classe privilégiée?

R. Oui, si dans ce peuple il se trouve une classe de citoyens qui par le nombre, la richesse, l'éducation, peut lutter avec avantage contre la démocratie : car généralement parlant les jeunes gens qui jouissent

d'une certaine aisance, sont plus instruits, plus expérimentés que les citoyens des classes pauvres, aussi sa-
vent-ils mieux s'entendre, se concerter, pour résister
à leurs adversaires de la démocratie, déjouer leurs
projets.

D. Ne peut-il pas se faire que la prépondérance de
la démocratie finisse tôt ou tard par entraîner aussi
la perte de la république ?

R. Oui, mais c'est alors au profit d'un seul homme
ou d'une seule famille, c'est ce qui arriva à Rome
quand César, appuyé spécialement sur le peuple, s'em-
para de l'autorité suprême, dès ce moment le pouvoir
du sénat ne fut plus qu'une ombre d'autorité, pareille
transformation s'opéra à Florence, lorsque les Médicis
sous le nom de *ducs* prirent les rènes de l'état.

D. Quelle seraient les conditions que devrait réunir
un peuple afin que le gouvernement républicain pût
s'établir chez lui avec des chances d'une stabilité et
d'une durée indéfinies?

R. Ces conditions seraient 1° l'absence de toute aristocratie et l'impossibilité qu'il s'en établît une même
dans un laps de temps illimité ; 2° la même facilité
pour tous d'acquérir des richesses, du savoir, de la
considération, etc. etc.

Le peuple des Etats Unis d'Amérique offre ces conditions, aussi a-t-il fondé le gouvernement républicain

e moins imparfait qui se soit vu sur la terre depuis l'origine du monde.

D. La France, dans l'état où elle se trouve maintenant, peut-elle se flatter de fonder chez elle un gouvernement sur des bases solides ?

R. Tout bien considéré la France, est ce me semble le pays du monde le mieux préparé pour recevoir des institutions républicaines avec de très grandes probabilités, sinon la certitude de les conserver dans toute leur force et pureté pendant une longue suite de siècles et cela pour plusieurs raisons :

D'abord le territoire de cet empire, divisé en 86 parties à peu près égales, offre une sorte de confédération dont aucun des membres n'est assez puissant pour exciter du trouble et causer de la perturbation dans le corps entier de la nation, de là résulte que malgré cette division, le peuple français est le plus uni, le plus *compacte* de tous ceux qui jusqu'ici ont figuré dans l'histoire.

Sous le rapport de l'instruction les français servent de modèles aux autres peuples, il est vrai que l'ignorance dépare encore les classes inférieures des villes et la majeure partie des habitants de la campagne, mais au train dont vont les choses dans moins de 20 ans il n'y aura pas d'individus en France qui ne possède toutes les connaissances dont il pourra avoir besoin suivant la position sociale, la profession, l'état qu'il aura embrassé.

La loi qui permet, autorise le partage des biens entre tous les enfants d'un même père, s'oppose à ce que de grandes fortunes se forment jamais dans l'État. L'aristocratie des richesses, ses influences, ses abus ne seront donc pas à craindre dans cette république.

Les expériences en politique que les Français ont faites depuis soixante ans, leur seront d'un grand secours pour organiser leur république et lui assurer une longue durée : l'horreur, les dégoûts qu'ils professent pour les excès de 93, sont un garant certain qu'ils ne souffriront pas que des démagogues insensés en suscitent dorénavant de semblables dans leur pays.

Les révolutions de 1830 et 1848 en ont offert des preuves éclatantes... qui pourrait assez admirer la conduite calme, bienveillante, philantropique des français depuis le 25 février ! ne dirait-on pas que ce peuple est tellement avancé en civilisation qu'il pourrait volontiers se passer de gouvernement?

Le joug de fer, les tueries incessantes du régime impérial, les catastrophes, les calamités qui en furent la suite ont laissé des souvenirs qui opposeraient une barrière de fer, un obstacle invincible à l'ambitieux qui, sous prétexte de ré'ablir l'ordre et la tranquillité voudrait se donner le pouvoir dictatorial; il ne trouverait pas de partisans assez nombreux pour accomplir ce projet criminel.

FIN.

POST FACE.

Nous sommes du peuple, nous avons toujours vécu avec lui, nous en avons parcouru les divers degrés, depuis le plus humble laboureur jusqu'à l'orgueilleux enrichi, devenu *fonctionnaire* ou fait noble ; soit en participant aux travaux des champs, à ceux de l'atelier et de commerce, soit en enseignant aux masses, soit en prenant part aux disputes quotidiennes du journalisme.

Depuis longtemps les feuilles publiques, opposées au système qui nous gouvernait hier, demandent une réforme électorale ; ce mot a été tant dit, tant crié, qu'on l'a appris *par cœur*, et alors on a fini par demander à tue-tête la réforme. La réforme selon ces feuilles, la réforme selon tout le monde, doit nous donner le bonheur! C'est bien beau, et surtout bien inespéré, il y a si longtemps que les peuples souffrent !... La réforme est accomplie! nos vœux sont plus que comblés; on ne voulait point donner la réforme au peuple, le peuple s'est donné la république !!! Gouvernement glorieusement sublime qui augmente la somme de nos devoirs...

Mais, qu'est-ce que la réforme, ce mot que tant de personnes répètent et que si peu comprennent? Qu'est-ce qu'une Monarchie? Qu'est-ce qu'une République?

Monarchie, — république, — constitution, — gouververnement, — droits de l'homme et du peuple,— grands et petits, — classes, — castes, — nobles et vilains, — esclaves et maîtres, — clergé, — armée, — Bourgeoisie et ouvriers, — paysans et seigneurs, — nous avons entrepris de publier, de faire un livre sorte de code politique, dans lequel nous allons définir ces mots, en donner l'application, développer leurs qualités et leurs défauts, dans un style simple, les ranger par ordre, afin d'associer tous les citoyens français au gouvernement de leur pays, leur expliquer ce qu'ils doivent connaître, quels sont ses devoirs, ce qu'ils se doivent et ce qu'ils doivent aux autres.

Nous avons entrepris ce travail dans l'espoir d'être utile à nos frères : le peuple prend part aux assemblées, aux délibérations politiques et il ignore ce qu'il fait, il donne son avis et il n'a point d'opinion, nous n'avons jamais pu admettre qu'un homme soit appelé à voter sur une question qu'il ne comprend pas. Notre intention était de donner ce travail dans l'opuscule qui précède d'autres occupations nous ont empêché de le compléter en temps opportun ayant plus de loisir, nous pourrons y mettre plus de méthode.

Un électeur chargé de choisir un mandataire pour l'envoyer auprès du pouvoir exécutif, doit apprécier la mission de ce mandataire, il doit s'enquérir de sa moralité et de ses connaissances ; il ne doit pas oublier que c'est un gardien sévère des intérêts de la nation qu'il envoie auprès du Gouvernement ; que cet homme doit aider, appuyer le Gouvernement quand celui-ci fait bien ; de même qu'il doit intervenir de toute sa force, quand le Gouvernement suit une mauvaise voie.

Le devoir l'électeur est aussi grand que celui d'un juré IL EST PLUS GRAND PEUT-ÊTRE, en ce que le juré donne son avis sur une question de personne, tandis que le vote de l'électeur a toujours pour but la question d'état.

Si nous entrons dans le chantier pour apporter notre pierre à l'édifice social, ce n'est point à un sentiment d'orgueil ni d'envie que nous cédons, nous écrivons avec le cœur, nous aimons nos frères, nous aimons encore plus l'humanité. Nous cherchons la vérité pas à pas avec une lanterne sourde, de peur d'incendier autour de nous, nous marchons à la découverte en partant d'un point de vue en dehors de la scène politique, sans haine, sans préventions, si nous pouvons venir en aide aux élus du peuple, ce sera pour nous une grande joie et une grande satisfaction !

Tous les Français aujourd'hui, ont besoin de réfléchir, de descendre en dedans d'eux-mêmes pour tempérer cette effervescence qui trop souvent les domine, pour apprendre à se connaître, à se modifier, à avoir le courage de leurs actes, et, s'il se peut, à devenir des hommes.

On a dit : « Le pouvoir dans des mains aveugles est une arme dangereuse. » Hélas ! quel homme investi du pouvoir a pu rester juste ?.... Le pouvoir est un précipice effroyable, il donne le vertige à ceux qui le touchent ; c'est un danger imminent pour celui qui le tient : cet homme est comme suspendu en l'air à une grande élévation, sur une faible branche qui ne peut résister à son poids.— Pauvre humanité ! l'histoire est là qui se dresse !... Tous nos hommes du pouvoir, appelés *grands*, ont perdu leur jugement et leur droiture, ils sont presque tous devenus criminels !... A chaque pas que l'homme fait sur les marches de cet antre, il perd un peu de sa raison, arrivé à la dernière, la démence est dans sa personne. Ceci est bien triste, et trop vrai malheureusement ; répétons-le : pauvre humanité !!!... Ne peut-elle vivre sans se déchirer ? ne peut-elle vivre sans crimes ni rapines ?.. Le sordide intérêt et le sot orgueil te barreront-ils toujours le chemin de la justice ?...

L'industrie a dépassé le but... L'heure des sociétés n'a-t-elle point encore sonné ?...

Ne pouvons-nous établir des parapets contre notre incurie et notre imprévoyance? ne serait-il pas possible de tracer un chemin dans la route du pouvoir qui nous empêche de faillir? d'opposer des digues à nos passions et à nos faiblesses? ne peut-on découvrir tous les recoins de cette route tortueuse?... Ce problème, jusqu'à présent, a été considéré comme la pierre philosophale, comme l'essence purifiée de l'esprit humain, impossible à rassembler; cependant, tout marche en avant; combien de choses traitées de rêves se sont accomplies!...

Prêtons appui aux hommes courageux qui ont osé prendre le gouvernail dans cette tourmente si dangereuse à d'autres époques, et si difficile dans tous les temps ; soutenons leur énergie en élevant leur caractère par la confiance que nous mettons en leur vertu et en leur savoir. Que ceux qui ont quelques conseils sages à communiquer ne craignent pas de les mettre au jour, de se faire entendre ; l'attitude noble et digne qu'a prise le gouvernement nous est une garantie de l'accueil paternel qu'il fera à tous ceux qui prêteront leur épaule pour diriger la roue du pouvoir.

Rejetons loin de nous le fantôme de 93, le régime de la terreur ; ces temps sont passés pour ne plus revenir. Nous avions à arracher l'arbre de l'absolutisme et du privilége nous avions à émanciper des esclaves !... Aujourdhui, nos institutions sont liberales, chacun est égal devant la loi, les préjugés disparaissent, le chemin de l'égalité est ouvert à tous; la France a commencé la grande œuvre de la conquête du triomphe de la raison sur l'erreur, à elle aussi était réservé de planter le drapeau de sa victoire !

Tout ne se fait pas en un jour, si en réunissant nos efforts, nous réussissons à devenir un peu meilleurs, ce sera toujours autant de gagné. Nous allons continuer notre œuvre, nous allons examiner en détails et à la loupe, ce qui a été fait jusqu'ici, nous allons jeter les yeux sur ce faîte des grandeurs humaines, qu'on a nommé si superbement un TRÔNE, réceptacle de tyrannie et de corruption, nous en ferons l'analyse afin d'en démontrer les vénalités et d'extirper les quelques bribes de vasselage qui restent gangrenées au sein de notre patrie, lesquelles font honte au progrès de l'esprit humain et à l'émancipation des peuples. Partout où nous rencontrerons des dangers nous essaierons d'élever des remparts pour ne point tomber dans les mêmes fautes que ceux qui nous ont précédés ; nous tâcherons de jeter quelques lumières sur les endroits obscurs ; et si nous avons pu tendre la main à quelques-uns de nos frères pour les aider à sortir de cet impasse sans qu'ils se soient heurtés, ou bien sans qu'ils rapportent quelques soucis cachés dans les plis de leur conscience ; nous croirons avoir beaucoup travaillé pour notre pays.

J.-L. PICHERY.

Paris, 10 avril 1848.

www.ingramcontent.com/pod-product-compliance
Lightning Source LLC
Chambersburg PA
CBHW051252030726
47595CB00003B/1209